AF131775

GILLES GUYON

DES ACTIONS
POUR CHANGER
VOTRE VIE

*Méthode pratique pour oser vivre pleinement
et progresser chaque jour.*

Du même auteur:

« Révélations » éd. Gilles GUYON

« Mesurez votre conscience » éd. Gilles GUYON

« Le dictionnaire de la vie où tout a un sens » éd. Quintessence

« Le guide pour devenir un petit Dieu » éd. Gilles GUYON

« Le coaching pour tous » éd. Gilles GUYON

SOMMAIRE

Sommaire.. 5
Introduction 9
   Nous sommes tous créateurs et acteurs de notre vie.............. 9
   Qu'est-ce que cela signifie ?... 10
   Comment fonctionne ce concept ? 10
La méthode 15
   Comment travailler avec ce livre ?....................................... 15
Thèmes 19
      L'acceptation 23
      Le respect.. 24
      La gratitude... 25
      La douceur... 26
      Un autre regard 27
      La compréhension 28
      Le compliment 29
      La beauté... 30
      L'imagination 31
      La valorisation... 32
      La projection consciente 33
      L'équilibre nourrissant.. 34
      Le regard distancié 35
      La fuite 36
      Le bonheur 37
      L'unification 38
      Le refus 39
      L'objectif... 40
      La fierté... 41
      Le plaisir... 42
      Le jeu... 43
      Le jeûne de l'ego 44
      Le couple 45

L'acceptation nourrissante 46
Le risque...47
L'action 48
La clarification...49
Le partage..50
La clarification émotionnelle 51
Le rire 52
La relaxation..53
La cohérence 54
La régularisation 55
L'admiration...56
Le saboteur 57
Hygiène de vie 58
Responsabilité 59
La nouveauté..60
Le détachement...61
L'offrande 62
Le temps...63
Le positionnement...64
L'écoute active...65
La présence 66
Le positif..67
Les fausses "erreurs" 68
Le temps...69
L'attention 70
La tempérance ou le ralentissement 71
Le langage du corps...72
Le signe..73
Faire plaisir..74
Le temps... en plus 75
La solitude 76
La nature..77
La vision 78
L'enfant intérieur 79
Le ménage 80
L'odorat..81

Le jugement 82
Le masculin 83
L'intuition 84
Le don 85
Le lien 86
La surprise 87
L'intention 88
Le rapport à la maison 89
La réceptivité 90
Le sexe 91
L'animal 92
L'animal 93
La sensualité 94
L'équilibre 95
La légèreté 96
L'ingéniosité 97
Le courage 98
Le goût 99
L'habit 100
La clarté 101
Le repos 102
La souplesse 103
Le lâcher prise 104
La transmission 105
L'accueil 106
Le présent 107
Le féminin 108
La discipline 109
La mise à jour 110
La créativité 111
Le flou 112
L'opposition 113
La nudité 114
La détermination 115
La concentration 116
La complaisance 117

La purification 118
L'écoute 119
Les fleurs 120
La dépollution 121
La responsabilisation 122
Le masque 123
Le pardon 124
Le service 125
Le sens 126
L'indulgence 127
La franchise 128
La demande 129
La confiance 130
L'union 131
La frustration 132
Les rêves 133
Quitter 134
L'amour 135
Le repas naturel 136
Recevoir 137
L'argent 138
L'excuse 139
La décision 140
L'humour 141
Le stress 142
Le regard d'autrui 143
Le sourire 144
L'eau 145
La place 146
L'abondance 147

INTRODUCTION

Nombreuses sont les personnes qui aimeraient changer mais ne savent pas comment s'y prendre. Le changement est dans l'air du temps, tout le monde en parle. À la télévision, des émissions ou des reportages abordent la question, des magazines y consacrent des articles, des ouvrages sont essentiellement axés sur ce thème.

Notre époque est en pleine mutation, il y a une recherche collective de nouvelles valeurs, nos besoins se déplacent et nos centres d'intérêts aussi. Ce qui nous contentait ne nous satisfait plus aujourd'hui. Il émerge de nos sociétés occidentales une recherche de ce qui est considéré comme vrai et authentique.

NOUS SOMMES TOUS CREATEURS ET ACTEURS DE NOTRE VIE

Il est naturel que nous voulions plus dans nos vies. À notre époque il s'agit moins d'acquisitions de biens ou de richesses matérielles, que de chercher plutôt à accéder au véritable sens de notre vie. Il y a un désir collectif de comprendre comment fonctionne la vie, comment nous nous y prenons pour réussir sur les plans professionnel, personnel, affectif et, bien sûr, comment nous nous y prenons pour échouer.

Nous sommes nombreux à constater que nous sommes ENFERMES dans une vie qui ne nous convient pas. Nous avons alors besoin de *clés* pour ouvrir de nouvelles portes qui nous font accéder à ce que nous désirons vraiment dans la vie.

Depuis quelques années, un concept se répand dans notre société qui modifie la manière de penser et d'agir de nombreuses personnes. Il se définit par la croyance suivante : « *nous sommes les créateurs de notre propre réalité* ».

QU'EST-CE QUE CELA SIGNIFIE ?

Tout simplement que quoi qu'il se passe dans notre vie nous en sommes l'instigateur d'une manière ou d'une autre. Nous sommes source de toutes choses. Notre façon de penser, d'aborder les situations et d'agir va nous amener à vivre des événements qui correspondent avec ce que nous sommes intérieurement.

Notre vie extérieure est donc en résonance avec notre propre *façon d'être*, elle est comme un reflet de notre organisation intérieure. Ce courant de pensée est très intéressant, car il met en évidence le fait que nous avons plus de pouvoir sur notre vie, et sur tout ce qui la constitue, que nous ne l'imaginons. Et si nous avions réellement cette liberté et cette capacité de changer les choses ? Nous pensons que cela vaut la peine d'explorer ce concept et de l'expérimenter dans notre réalité.

COMMENT FONCTIONNE CE CONCEPT ?

En voici les présupposés, que nous déclinons en cinq points principaux.

1. *Chacun de nous fonctionne avec son système auto-organisé* dans lequel est contenu : notre histoire, notre vécu émotionnel, notre inconscient, nos conditionnements et nos croyances, nos limites mais aussi nos apprentissages, nos faiblesses et nos forces, et nos possibilités…, nos références identitaires en

somme. C'est à partir de cela que nous percevons, comprenons et agissons dans le monde, avec les autres et envers nous-même. Chacun voit les choses à partir de lui-même et donc de son point de vue.

Donc, c'est en nous changeant nous-même que nous nous donnons la possibilité de changer des situations, ainsi que la nature de certains événements qui sont placés sur notre route.

2. *Tout système peut changer* et nécessite un travail personnel pour y parvenir. C'est un véritable cheminement intérieur.

En effet, nous ne changeons pas simplement parce que nous le désirons. Nous devons manifester un réel engagement envers nous-même et notre vie. Changer implique l'acceptation de modifier notre *auto-organisation* qui est appelée aussi *matrice de référence*. Nous sommes ancrés dans des habitudes tenaces : cela concerne nos schémas, nos attitudes et comportements répétitifs, notre manière de penser… qui rejaillissent naturellement sur nos actes au quotidien. Quel que soit ce que nous vivons, nous avons la possibilité de « créer » des modifications dans le déroulement des choses. Nous avons à transformer notre manière d'être et de faire.

Nous devons décider de ne plus être victime de la vie en acceptant d'en reprendre les rênes, et d'agir en ce sens.

3. *Tout changement véritable passe par l'action.*

En effet, nous pouvons avoir des prises de conscience au sujet de nous-même ou de ce qui se joue dans notre vie, mais cela ne suffit pas pour changer notre réalité. Pour être intégrée comme une nouvelle

« donnée » qui va générer des changements dans notre vie, nous devons l'appliquer dans notre réalité quotidienne. C'est-à-dire agir concrètement.

Changer notre façon de FAIRE *rejaillit sur notre manière d'*ETRE *et vice versa.*

4. *Toute personne a le droit d'être heureuse suivant ses propres souhaits et critères.*

   Ici, nous avons à retrouver la légitimité du droit au bonheur selon notre propre définition de celui-ci. Changer des paramètres de notre vie, c'est nous autoriser à vivre ce que nous voulons profondément. Notre bonheur dépend essentiellement de nous, les autres y participent, mais en réalité c'est nous qui en détenons les clés.

   Nous avons, dès aujourd'hui, à nous donner la permission de vivre selon nos aspirations. Nous avons un engagement à prendre envers... nous-même.

5. Chacun doit cultiver la confiance en lui-même, en la vie...

   Pour croître et grandir, un projet, un rêve... a besoin d'être « arrosé » d'un minimum d'énergie et de confiance. Nous avons à retrouver l'essence de cette qualité qui nous aide à dépasser nos limites et à contacter nos forces pour faire bouger les choses.

   Avoir foi dans notre capacité de changer, dans l'acceptation du processus de la vie, nous offre des clés qui ouvrent les portes de ce que nous souhaitons voir se réaliser.

À différents moments de notre existence, nous pouvons apprendre les règles de l'action, qui permettent d'oser agir.

Nous renforçons ainsi nos capacités à réussir ce que nous entreprenons.

> Le changement, c'est à nous de le déclencher, la vie ne fait que répondre à nos attentes et à nos demandes.

Au cours de nos années d'accompagnement des personnes, soit en stage ou en séances individuelles (en thérapie ou en coaching), nous avons constaté combien certaines d'entre elles sont démunies face aux changements. Elles ne savent pas quoi faire, ni comment faire pour que les choses bougent et évoluent.

Nous avons pu mesurer également à travers nos propres expériences, combien ce processus de changement nécessite de travail intérieur. Aussi nous avons eu l'idée ou plutôt l'inspiration de créer des exercices pratiques à réaliser au quotidien afin d'aider chacun dans sa démarche de transformation. Nous avons mis l'accent sur le fait que le CHANGEMENT PASSE PAR L'ACTION. Nous privilégions, dans ce livre, une vision de l'être qui se situe au niveau du conscient, de la décision, de l'audace...

Avoir conscience d'une difficulté, d'un blocage... ne suffit pas pour changer les choses concrètement. Il faut agir en parallèle dans la réalité de notre vie quotidienne. Nous pouvons ainsi la remodeler.

Dans cette perspective, nous avons réalisé et rédigé *124 actions* qui permettent de « travailler » sur notre système auto-organisé, notre matrice de référence, nos comportements... Nous avons fait le choix de mettre en évidence un thème par action à expérimenter.

Chacune de ces actions contient un message et crée une ouverture intérieure pour sortir de nos enfermements, conditionnements et habitudes...

Il s'agit d'une percée vers une nouvelle manière de penser, de ressentir, de communiquer et d'agir. Le travail que nous vous proposons passe donc par l'expérimentation concrète du changement à travers des exercices pratiques. Vivre une action permet d'en intégrer l'enseignement en l'accompagnant de prise de conscience. Certaines actions sont drôles, ludiques, plaisantes, d'autres peuvent vous sembler dérangeantes et vous remettre en question, mais de toutes les façons, elles révèlent une facette de vous-mêmes...

Nous les avons conçues dans le but de vous permettre d'apprendre à mieux vous connaître dans vos limites et vos potentialités. Vous pouvez vivre le fait que, chaque jour, il est possible de vous transformer, de «vous corriger» afin de respecter vos souhaits profonds.

Rappelez-vous que le changement ne se passe pas qu'en stage de développement personnel, séances individuelles, conférences, prières, lectures de livres... mais aussi et surtout grâce à vos actions quotidiennes dans la vie.

Ce livre est un guide qui peut vous aider à réaliser la vie à laquelle vous aspirez, aussi nous vous invitons à vous amuser à changer !

Votre bonheur est entre vos mains...

LA METHODE

Nous avons conçu 124 actions à la manière d'un jeu. Chacune d'elles relève d'un thème dont nous avons fait le titre. Nous estimons que certains d'entre eux sont importants à vivre, aussi avons-nous créé des « variantes » de ceux-ci. La numérotation s'échelonne de 1 à 124. Vous les trouverez dans le sommaire, ainsi qu'aux pages 16 et 17, classées par ordre alphabétique. À chaque page, nous avons écrit :

- une action rédigée sous la forme d'un exercice pratique à réaliser soit pendant une heure, tout au long de la journée, ou bien sur plusieurs jours selon ce que vous ressentez ou ce dont vous avez besoin. Vous déterminez vous-même la durée d'application de l'exercice ;

- les bénéfices positifs générés par l'action. Vous prenez ainsi conscience de ce que vous acquérez dans votre réalité grâce à elle.

COMMENT TRAVAILLER AVEC CE LIVRE ?

Vous avez plusieurs possibilités pour déterminer l'action à réaliser :

1. Vous déterminez le thème qui correspond à ce que vous vivez en ce moment en lisant le sommaire, ou les thèmes classés en pages 16 et 17.

2. Vous choisissez un chiffre de 1 à 124, puis découvrez l'action à réaliser en lisant la page correspondante.

3. Vous ouvrez le livre au « hasard » en ayant la conviction que cela correspond au travail que vous avez à faire en ce moment pour progresser...

4. En fonction de ce que vous vivez, posez-vous une question intérieurement en demandant à être aidé concrètement par une des actions à réaliser, et vous ouvrez le livre.

5. Vous pouvez vous demander : « Quel travail ai-je à réaliser pour progresser aujourd'hui ? » Et vous ouvrez le livre.

6. Vous avez aussi la possibilité de trouver votre propre manière de « choisir » l'action à réaliser ...

7. Si vous ne voulez pas réaliser l'exercice que vous avez « tiré », ne le faites pas bien sûr, en revanche explorez les raisons qui suscitent votre réaction, afin de stimuler votre conscience. Vous profitez ainsi de toutes les expériences. Puis choisissez une autre action, selon votre inspiration.

Une fois l'action déterminée, lisez les consignes tranquillement afin de bien saisir le sens du travail que vous avez à effectuer. Imprégnez-vous de tout ce qui peut être contenu dans l'exercice. Puis prenez connaissance des bénéfices que vous intégrerez. Sachez, qu'au travers de l'action, une « facette » de votre être va être mise en évidence pour la journée. C'est une occasion de croître dans une meilleure connaissance de vous-même.

Ce livre vous accompagne dans votre démarche de développement et de transformation personnel, et peut compléter votre travail intérieur.

Chaque soir, faites un bilan de votre expérience.

Voici quelques suggestions de questions, afin d'accroître la conscience de vous-même, de votre identité :

- Qu'ai-je appris sur moi, sur autrui ?
- Qu'ai-je à modifier dans mon comportement ?
- Qu'est-ce qui a été facile, difficile ?
- Quel est l'enseignement de la journée ?
- Qu'est-ce que j'en extrais de positif ?
- Quel message puis-je tirer de mon expérience ?
- Qu'ai-je apprécié me concernant ? etc.

Après quelque temps de pratique, notez les modifications, mêmes anodines, qui se sont opérées dans votre vie, tout ce dont vous avez pris conscience…

À vous de jouer !

THEMES

❀ Abondance — n°124

❀ Acceptation nourrissante — n°24

❀ Acceptation — n°1

❀ Accueil — n°83

❀ Action — n°26

❀ Admiration — n°34

❀ Amour — n°112

❀ Animal — n°70A/70B

❀ Argent — n°115

❀ Attention — n°48

❀ Beauté — n°8

❀ Bonheur — n°15

❀ Clarification — n°27

❀ Clarification émotionnelle — n°29

❀ Clarté — n°78

❀ Cohérence — n°32

❀ Complaisance — n°94

❀ Compliment — n°7

❀ Compréhension — n°6

❀ Concentration — n°93

❀ Confiance — n°107

❀ Couple — n°23

❀ Courage — n°75

❀ Créativité — n°88

❀ Décision — n°117

❀ Demande — n°106

❀ Dépollution — n°98

❀ Détachement — n°39

❀ Détermination — n°92

❀ Discipline — n°86

❀ Don — n°63

❀ Douceur — n°4

❀ Eau — n°122

❀ Écoute — n°96

❀ Écoute active — n°43

❀ Enfant intérieur — n°57

❀ Équilibre nourrissant — n°12

❀ Équilibre — n°72

❀ Excuse — n°116

❀ Faire plaisir — n°52

❀ Fausses "erreurs" — n°46

❀ Féminin — n°85

❀ Fierté — n°19

❀ Fleur — n°97

❀ Flou — n°89

❀ Franchise — n°105

❀ Frustration — n°109

❀ Fuite — n°14

❀ Goût — n°76

❀ Gratitude — n°3

❀ Habit — n°77

❀ Humour — n°118

❀ Hygiène de vie — n°36

❀ Imagination — n°9

❀ Indulgence — n°104

❀ Ingéniosité — n°74

❀ Intention — n°66

❀ Intuition — n°62

❀ Jeu — n°21

❀ Jeûne de l'ego — n°22

✿ Jugement	n°60
✿ Lâcher-prise	n°81
✿ Langage du corps	n°50
✿ Légèreté	n°73
✿ Lien	n°64
✿ Maison (rapport à la)	n°67
✿ Masculin	n°61
✿ Masque	n°100
✿ Ménage	n°58
✿ Mise à jour	n°87
✿ Nature	n°55
✿ Nouveauté	n°38
✿ Nudité	n°91
✿ Objectif	n°18
✿ Odorat	n°59
✿ Offrande	n°40
✿ Opposition	n°90
✿ Pardon	n°101
✿ Partage	n°28
✿ Place	n°123
✿ Plaisir	n°20
✿ Positif	n°45
✿ Positionnement	n°42
✿ Présence	n°44
✿ Présent	n°84
✿ Projection consciente	n°11
✿ Purification	n°95
✿ Quitter	n°111
✿ Recevoir	n°114
✿ Refus	n°17
✿ Regard (autre)	n°5
✿ Regard d'autrui	n°120
✿ Regard distancé	n°13
✿ Régularisation	n°33
✿ Relaxation	n°31
✿ Repas naturel	n°113

✿ Repos	n°79
✿ Respect	n°2
✿ Responsabilisation	n°99
✿ Rêves	n°110
✿ Rire	n°30
✿ Risque	n°25
✿ Saboteur	n°35
✿ Sens	n°103
✿ Sensualité	n°71
✿ Service	n°102
✿ Sexe	n°69
✿ Signe	n°51
✿ Solitude	n°54
✿ Souplesse	n°80
✿ Sourire	n°121
✿ Stress	n°119
✿ Surprise	n°65
✿ Tempérance ou le ralentissement	n°49
✿ Temps en plus	n°53
✿ Temps	n°41
✿ Temps	n°47
✿ Transmission	n°82
✿ Unification	n°16
✿ Union	n°108
✿ Valorisation	n°10
✿ Vision	n°56

LES CENT VINGT-QUATRE ACTIONS

NUMERO 1

L'ACCEPTATION

Dites « **oui** » le plus souvent possible à tout ce qui vous sera demandé, proposé par votre entourage familial, amical ou professionnel.

Apprenez à acquiescer et agissez en fonction de cela. Dire « oui » génère une énergie qui vous ouvre à de multiples possibilités insoupçonnées parfois. **Vivez cette journée dans l'acceptation.**

BENEFICE

> *Vous créez intérieurement un mouvement d'ouverture propice pour recevoir... jusqu'à l'inattendu.*

NUMERO 2

LE RESPECT

Respectez-vous davantage et réalisez quelque chose dont vous aviez envie depuis longtemps. Pensez à vous et, petit à petit, vous saurez mieux vous situer face à autrui. **Vos actions sont sous le signe du respect de vous.**

BENEFICE

> *Ce travail renforce « l'estime de soi », qui est l'un des ingrédients du succès dans la vie. Cette action rehausse l'amour de soi, qui en est l'un des quatre piliers fondateurs ».*

NUMERO 3

LA GRATITUDE

Soyez attentif **à remercier** toutes les personnes qui vous rendent service ou vous offrent quelque chose d'une manière ou d'une autre. Contactez la gratitude et exprimez-la.

Ce soir, faites le point sur toutes les situations qui ont été bénéfiques pour vous aujourd'hui et celles dont vous pouvez tirer des enseignements, puis remerciez-vous.

Ressentir la gratitude permet d'apprécier pleinement les moments de la vie qui font grandir.

BENEFICE

Savoir exprimer la gratitude vous permet d'attirer des situations, des personnes qui vous aident dans vos entreprises.

NUMERO 4

LA DOUCEUR

Arrangez-vous pour **être doux et bon envers vous-même**. Faites quelque chose qui vous apporte concrètement cette douceur et ressentez ce que cela vous fait d'être « bon » envers vous.

BENEFICE

> *En apprenant à prendre soin de vous, vous réparez des négligences que vous avez pu subir dans le passé. En vous donnant de la douceur, vous l'attirerez davantage de la part d'autrui.*

NUMERO 5

UN AUTRE REGARD

Chaque fois qu'un jugement ou une critique de vous-même parvient à votre esprit, balayez-la immédiatement. À sa place "implantez" une phrase positive et pensez-y pendant la journée.

Créez, entretenez **à votre égard des pensées positives afin d'avoir un regard nouveau sur vous-même.**

BENEFICE

> *En apprenant à maîtriser vos pensées, vous acquérez davantage de puissance personnelle. Vous vous laissez moins influencer par ce qui est négatif.*

NUMERO 4

LA DOUCEUR

Arrangez-vous pour **être doux et bon envers vous-même**. Faites quelque chose qui vous apporte concrètement cette douceur et ressentez ce que cela vous fait d'être « bon » envers vous.

BENEFICE

> *En apprenant à prendre soin de vous, vous réparez des négligences que vous avez pu subir dans le passé. En vous donnant de la douceur, vous l'attirerez davantage de la part d'autrui.*

NUMERO 5

UN AUTRE REGARD

Chaque fois qu'un jugement ou une critique de vous-même parvient à votre esprit, balayez-la immédiatement. À sa place "implantez" une phrase positive et pensez-y pendant la journée.

Créez, entretenez **à votre égard des pensées positives afin d'avoir un regard nouveau sur vous-même.**

BENEFICE

En apprenant à maîtriser vos pensées, vous acquérez davantage de puissance personnelle. Vous vous laissez moins influencer par ce qui est négatif.

NUMERO 8

LA BEAUTÉ

En vous préparant pour la journée, ou ce soir avant de vous coucher, portez un regard bienveillant sur tout votre corps et **reconnaissez la beauté physique qui vous habite**.

Soyez compatissant envers les parties de votre corps que vous n'aimez pas. Vous envoyez ainsi une énergie bénéfique comparable à l'effet d'une « crème nourrissante ».

Prenez le temps de vous regarder **sans vous juger**.

BENEFICE

Cette attention particulière vous aide à vous réconcilier avec votre corps. En devenant son allié, vous lui permettez de changer et de se remodeler.

NUMERO 9

L'IMAGINATION

Prenez le temps de regarder le ciel, les formes qui se dessinent grâce aux nuages, laissez votre esprit flotter…

Activez votre imagination, laissez-lui de l'espace.

BENEFICE

En travaillant l'imagination, vous stimulez le cerveau droit (le côté féminin) et vous favorisez l'expression de l'intuition.

NUMERO 10

LA VALORISATION

Faites la liste des valeurs, auxquelles vous tenez, qui sont inscrites en vous et repérez toutes les qualités qui font partie de votre « être ». Toute cette journée, **soyez fidèle à ce à quoi vous croyez profondément.**

BENEFICE

> *Agir en fonction de vos valeurs renforce **l'estime de vous** et vous permet de consolider votre unité personnelle.*

NUMERO 11

LA PROJECTION CONSCIENTE

Soyez conscient de ce que vous projetez sur votre entourage. Pour cela, notez les critiques, jugements et à priori dont vous affublez votre entourage. Puis voyez tout ce qui en réalité peut être **en miroir de vous-même.**

Demandez-vous si ce que vous abhorrez chez autrui ne serait pas, en fait, **en résonance avec un aspect** de vous méconnu jusqu'à ce jour ?

BENEFICE

Ce travail favorise la responsabilité de soi. Grâce à cette conscience, vous pouvez vous approprier des aspects de vous peut-être méconnus.

NUMERO 12

L'ÉQUILIBRE NOURRISSANT

Équilibrez votre journée en respectant des temps de pause, de travail, d'amusement, d'obligations... **Mettez de côté tous les excès pour aujourd'hui**. Apprenez à aménager votre temps.

BENEFICE

En structurant votre temps, vous développez le cerveau gauche qui favorise l'émergence de l'énergie du masculin intérieur.

NUMERO 13

LE REGARD DISTANCIÉ

Prenez de la distance face aux difficultés ou aux problèmes qui se présentent dans votre vie. Osez les imaginer comme étant résolus et regardez tout cela sous un nouvel angle.

Adoptez une attitude mentale constructive.

Toutes difficultés ou problèmes contiennent leurs solutions.

BENEFICE

> *En devenant témoin de ce qui se passe dans votre vie, vous réduisez votre implication émotionnelle dans les « faits », vous créez ainsi l'état propice à la découverte de solutions nouvelles.*

NUMERO 14

LA FUITE

Voyez la réelle place des distractions et du temps que vous perdez. Observez de quelle manière vous adoptez une attitude de fuite pour éviter de faire ce que vous aimez vraiment, voyez comment vous vous détournez de ce qui est essentiel.

Donnez-vous la possibilité de faire autrement dès aujourd'hui.

Retrouvez vos priorités.

BENEFICE

*En prenant conscience de l'évitement dans lequel vous vivez, vous pouvez **trouver comment remédier à cela.** Vous apprenez à vous recentrer sur ce qui est réellement important.*

NUMERO 15

LE BONHEUR

Soyez heureux de tout ce que les personnes de votre entourage vivent de "bien" **et encouragez-les**. Leur bonheur **rejaillira** tout naturellement **sur vous**.

Dites-leur combien vous partagez leur bonheur et sentez ce qui se passe alors en vous.

BENEFICE

> *Être heureux pour autrui, vous fait ressentir à plusieurs niveaux de votre « être » ce qu'est l'énergie du « bonheur ». Vous vous « programmez » pour qu'à votre tour, vous le viviez davantage.*

NUMERO 16

L'UNIFICATION

Acceptez toutes les parties de votre corps, surtout celles que vous n'aimez pas, afin de vous unifier. Cessez de les critiquer. En revanche, parlez à votre corps avec attention. **Petit à petit, faites la paix avec vous-même**, vous pourrez ainsi vous rassembler et habiter davantage votre corps.

BENEFICE

*Ce travail favorise la réconciliation corps-esprit.
Un lâcher prise s'instaure permettant une
réduction des conflits intérieurs.*

NUMERO 17

LE REFUS

Dites « non » à tout ce qui ne vous convient pas : les situations, les personnes, afin de vous respecter en profondeur. **Osez** vous situer en n'acceptant plus n'importe quoi.

Apprenez à refuser dès maintenant.

BENEFICE

Vous intégrez petit à petit une attitude protectrice à votre égard. Dire « non » consiste à mettre des limites saines entre vous et autrui.

NUMERO 18

L'OBJECTIF

Vous avez mis de côté un rêve, **retrouvez-le** et **faites-lui une place** dans votre vie. Faites un pas vers lui, en réalisant même une petite action, pour lui donner une énergie de concrétisation.

BENEFICE

Cela vous permet de contacter un projet d'une grande valeur, en apparence inaccessible, car il s'agit d'un rêve. Vous apprenez à créer une « brèche » dans ce qui nous paraît impossible... Vous pouvez ainsi repousser certaines limitations auxquelles vous étiez soumis.

NUMERO 19

LA FIERTÉ

Soyez reconnaissant et fier de tout ce que vous avez réalisé jusqu'à ce jour. En éprouvant ces sentiments **à votre égard**, vous vous assurez la concrétisation de multiples succès dans la vie. La fierté est un merveilleux **encouragement**.

BENEFICE

Vous cultivez ainsi la confiance, en renforçant l'attitude constructive de vous fier à vous.

NUMERO 20

LE PLAISIR

Trouvez ce qui vous fait vraiment plaisir, **et accordez-le vous**. Savourez en conscience ce que vous vous donnez en sachant que vous êtes source de toutes choses.

BENEFICE

Vous apprenez à être bon avec vous, comme un parent aimant qui encourage les expériences.

NUMERO 21

LE JEU

Retrouvez la spontanéité de votre enfant intérieur, et **laissez-vous** un peu jouer avec la vie. Stimulez et adoptez une humeur « d'enfant » **libre**.

L'action d'aujourd'hui consiste à jouer. Choisissez "le jeu" qui peut vous convenir et profitez-en.

BENEFICE

> *Quel que soit votre âge, « jouer » vous amène à contacter le lâcher prise, la créativité, l'insouciance…*

NUMERO 22

LE JEÛNE DE L'EGO

Portez attention sur vos pensées négatives, les jugements…, que vous entretenez à votre encontre, avec l'intention de ne plus vous laisser manipuler par cette énergie.

Lorsque l'une de ses pensées se manifeste, dissociez-vous en et formulez-en une autre positive, afin de la remplacer.

BENEFICE

> *Vous apprenez à cesser d'être victime de vous-même et de votre ego, qui vous leurre en vous renvoyant une image négative de vous. Cette maîtrise des pensées vous conduit à retrouver et à vivre votre liberté d'être.*

LE COUPLE

N'oubliez pas que la relation de couple est une réelle aventure. Faites le point sur ce qui va et ne va pas dans ce que vous vivez (ou avez vécu dans votre dernière relation.)

Demandez-vous ce que vous pouvez faire **dès aujourd'hui pour changer les choses !**

BENEFICE

Prendre conscience de la réalité de l'état des choses est une étape importante pour les modifier au besoin. Vous apprenez ainsi à créer les corrections nécessaire, afin de rendre évolutive votre relation.

NUMERO 24

L'ACCEPTATION NOURRISSANTE

Entendez et acceptez de recevoir les compliments qui vous sont faits, **en remerciant simplement.**

BENEFICE

Vous apprenez à vous nourrir de messages qu'autrui vous adresse. Cela renforce votre valeur personnelle.

NUMERO 25

LE RISQUE

Soyez gagnant en acceptant de prendre un (ou des) risque(s), afin de vous donner réellement la possibilité de réussir. Osez y aller. **Décidez** quelque chose et faites-le dès aujourd'hui.

BENEFICE

Cela vous conduit à faire une avancée vers la réussite d'une entreprise, quel qu'en soit le domaine, en contactant l'audace.

NUMERO 26

L'ACTION

Vous y avez pensé, vous en avez parlé, passez **maintenant** à l'action !

BENEFICE

> *Agir, c'est entrer dans le changement. Vous avez la clé de votre bonheur entre les mains, l'utiliser vous conduit à la réussite.*

NUMERO 27

LA CLARIFICATION

Respectez-vous davantage en clarifiant une situation. Faites face à ce que vous avez négligé. Sortez du flou et de la confusion des non-dits. Affrontez la réalité et **clarifiez tout ce qui doit l'être.**

BENEFICE

Vous rehaussez l'énergie de « l'adulte » qui est en vous. La qualité de responsabilité se renforce et vous octroie l'énergie de puissance.

NUMERO 28

LE PARTAGE

Vous possédez de grandes "richesses" personnelles, voyez-les et reconnaissez-les. Partagez une qualité présente en vous en abondance, **offrez-la à une personne de votre entourage.**

Trouvez comment faire cela.

BENEFICE

Vous apprenez à transmettre à autrui et entrez dans l'énergie du don.

NUMERO 29

LA CLARIFICATION ÉMOTIONNELLE

Ce soir, faites le point des émotions et des sentiments ressentis pendant la journée, voyez les situations qui y sont associées afin de prendre conscience de ce qui vous « active » ou vous déstabilise.

Apprenez à **connaître et à gérer vos émotions**.

BENEFICE

Votre "émotionnel" est chargé d'une mémoire appartenant au passé qui peut vous maintenir dans des schémas répétitifs. En prendre conscience, vous permet d'avoir la possibilité de vous en libérer au moins partiellement. Vous comprenez mieux ce à quoi vous réagissez... c'est un premier pas vers la maîtrise de soi.

NUMERO 29

LA CLARIFICATION ÉMOTIONNELLE

Ce soir, faites le point des émotions et des sentiments ressentis pendant la journée, voyez les situations qui y sont associées afin de prendre conscience de ce qui vous « active » ou vous déstabilise.

Apprenez à **connaître et à gérer vos émotions**.

BENEFICE

> *Votre "émotionnel" est chargé d'une mémoire appartenant au passé qui peut vous maintenir dans des schémas répétitifs. En prendre conscience, vous permet d'avoir la possibilité de vous en libérer au moins partiellement. Vous comprenez mieux ce à quoi vous réagissez... c'est un premier pas vers la maîtrise de soi.*

NUMERO 30

LE RIRE

Racontez une histoire, faites rire votre entourage. **Osez vous montrer rieur**.

BENEFICE

> *Associé à la joie, le rire vous aide à contacter des qualités de cœur qui élèvent votre conscience à plus de légèreté.*

NUMERO 32

LA COHÉRENCE

Soyez « clair » dans vos paroles quand vous dites « oui » ou « non », et **agissez en conséquence**. Paroles et comportements doivent aller **dans la même direction**. Votre vie est ainsi facilitée.

BENEFICE

Travailler la cohérence, pensée-parole-action, crée une énergie qui facilite la réussite.

NUMERO 33

LA RÉGULARISATION

Faites aujourd'hui tout ce que vous avez repoussé jusqu'à maintenant. Quoi que ce soit que vous ayez mis de côté, c'est le moment de **réajuster** les choses.

BENEFICE

> *Vous vous sentez plus libre et vous bénéficiez de la disponibilité pour vous concentrer vers ce qui est important pour vous.*

NUMERO 34

L'ADMIRATION

Voyez les personnes que vous admirez profondément et celles que vous mettez sur un piédestal. **Cessez de vous sentir inférieur.**

Interrogez-vous sur les raisons d'un tel sentiment à leur égard. Que voyez-vous en elles, qu'ont-elles comme qualités, ressources ou compétences que vous aimeriez bien avoir ? Peut-être voyez-vous surtout tout ce que ces personnes ont et que vous ne pensez pas avoir... Notez-les sur une feuille.

Supposez maintenant que ce que vous admirez chez elles **sont en fait des aspects de vous qui ne se sont pas révélés... jusqu'à ce jour.**

BENEFICE

> *Vous apprenez à mieux comprendre l'interaction qui se joue avec autrui. Vous découvrez ce que celui-ci révèle de vous-même... tel un miroir, et cela vous conduit à prendre la voie de l'excellence !*

Numero 35

LE SABOTEUR

Voyez **comment** vous vous freinez, plus ou moins consciemment, pour ne pas réaliser ce qui est important pour vous. Observez la manière dont vous vous organisez, les prétextes que vous utilisez pour vous détourner de votre « essentiel ».

Déterminez comment vous vous sabotez pour échouer ou perdre…

Benefice

> *Clarifier votre système d'échec vous permet de le dissoudre, jour après jour, de le contourner pour aller vers la réussite.*

NUMERO 36

HYGIÈNE DE VIE

Soyez conscient de toutes les "pollutions" dans lesquelles vous baignez et optez pour une meilleure hygiène de vie. **Trouvez** celle qui vous correspond et **respectez-la** scrupuleusement.

BENEFICE

Prendre soin de vous augmente la qualité de responsabilité et de respect.

NUMERO 37

RESPONSABILITÉ

Faites face aux situations et cessez d'esquiver ce qui vous dérange. **Assumez-vous** et gagnez ainsi en **puissance**.

BENEFICE

Vous augmentez votre capacité à gérer les situations et votre force intérieure s'ancre davantage.

NUMERO 38

LA NOUVEAUTÉ

Acceptez de réaliser une action que vous n'avez encore jamais faite dans votre vie. Trouvez-en une réalisable aujourd'hui-même. **Ouvrez-vous à la nouveauté**, et faites-en l'expérience.

BENEFICE

En créant une brèche dans le « connu », vous renforcez votre confiance. Cela facilite l'accès à de nouvelles entreprises.

Numero 39

LE DÉTACHEMENT

Cessez d'alimenter les situations difficiles par vos pensées négatives. Au contraire, **prenez du recul** et **détachez-vous en**. Sachez que plus vous êtes négatif, plus vous renforcez par votre manière d'être, les situations que vous aimeriez voir changer.

Benefice

Vous apprenez à maîtriser votre mental négatif pour construire votre vie.

NUMERO 40

L'OFFRANDE

Offrez un bouquet de fleurs à une personne que vous appréciez ou que vous aimez.

BENEFICE

Vous vivez ce qu'est le don et la surprise. Cet acte favorise des instants de proximité.

NUMERO 41

LE TEMPS

Prenez du temps **pour vous-même**, posez-vous. Utilisez ce temps comme vous l'entendez en le **savourant**.

BENEFICE

Vous travaillez ainsi l'apprentissage du « ressourcement » afin de l'intégrer davantage dans votre planning.

NUMERO 42

LE POSITIONNEMENT

Communiquez en parlant à partir de vous-même et utilisez le plus souvent possible le « **je** » afin de vous approprier vos paroles. Modifiez votre manière de communiquer afin d'être **le plus clair possible envers vous-même** et, bien sûr, autrui. Évitez-les « tu, on... »

Apprenez à vous positionner.

BENEFICE

> *L'utilisation du « je » vous différencie d'autrui et vous confère davantage de liberté et de pouvoir créateur. Chacun peut ainsi avoir sa place.*

Numero 43

L'ÉCOUTE ACTIVE

Écoutez les autres avec attention et présence. Ne parlez, que **si** ce que vous avez à dire est **vraiment important**. Laissez toute futilité et superficialité de côté. **Repérez-les** simplement chez les autres.

Benefice

Cet exercice vous permet de retrouver une qualité de relation plus authentique. Votre manière de communiquer va devenir de plus en plus juste.

NUMERO 44

LA PRÉSENCE

Soyez présent **à tout ce que vous faites**, dans chaque tâche, occupation, repas que vous préparez... soyez dans l'acte conscient.

BENEFICE

Vous acquérez la force qui réside dans le présent.
Votre conscience s'éveille davantage.

NUMERO 45

LE POSITIF

Cherchez et voyez **en chaque chose**, situation ou personne, la partie positive qu'elle contient. Voyez les éléments de la vie sous un autre angle. Cela peut être un véritable travail dans cette époque remplie de négativisme. Ne vous laissez pas influencer, submerger par celui-ci. **Votre pouvoir** réside dans votre façon d'appréhender les choses.

BENEFICE

Petit à petit, vous ne vous laissez plus dominer par le négatif ou tout autre influence. Vous retrouvez votre pouvoir personnel.

NUMERO 46

LES FAUSSES "ERREURS"

Et s'il n'y avait pas d'erreur et simplement une expérience que l'on nomme ainsi ? Et si une erreur était la réussite de quelque chose malgré tout ! Acceptez et **apprenez** de ces « erreurs », cela vous permettra d'assurer votre réussite. Voyez votre dernière erreur en y posant ce nouveau regard. Demandez-vous : « En fin de compte, **qu'ai-je réussi** ? ». Rebondissez et apprenez à faire autrement en allant **au-delà des apparences**.

BENEFICE

Ce travail vous aide à lâcher les jugements que vous posez sur les situations... vous intégrez le processus de transformation.

NUMERO 47

LE TEMPS

Chaque minute qui s'écoule est le témoin **d'une partie de votre vie** qui se déroule, prenez le temps de l'apprécier. **Le temps** et la vie pour l'éternité.

BENEFICE

Réfléchir sur le temps vous permet de l'évaluer plus justement.

NUMERO 48

L'ATTENTION

Vous savez ce qui est bon **pour vous**, alors agissez en conséquence. Dès aujourd'hui, prenez l'engagement d'y parvenir. Soyez comme « un bon parent » **envers vous-même**.

BENEFICE

Vous renforcez le respect et l'estime de vous-même. Vous apprenez à vous fier à vous.

NUMERO 49

LA TEMPÉRANCE OU LE RALENTISSEMENT

Faites-en le moins possible et observez ce qui se passe en vous dans votre mouvement intérieur… changez de rythme. **Levez le pied** ! Prenez le temps.

Observez ainsi ce qui se passe autour de vous.

BENEFICE

En cessant d'être dans l'action, vous devenez témoin de ce que vous faites et pouvez ainsi réajuster certains éléments de votre vie.

NUMERO 50

LE LANGAGE DU CORPS

Tous les symptômes corporels contiennent **des messages** qui demandent à parvenir jusqu'à votre conscience, apprenez à les écouter afin d'effectuer des modifications dans votre vie. **Écoutez** votre corps et « entendez » enfin ce qu'il a à vous dire.

BENEFICE

> *Vous cultivez la réceptivité et la mise en relation avec vous-même. Vous créez un contact plus profond.*

NUMERO 51

LE SIGNE

Obtenir plus de clarté dans votre vie, **c'est possible**. Posez intérieurement une question en la formulant clairement, puis envoyez-la dans "l'univers". Observez dans la journée la manière dont la réponse peut se manifester. Soyez attentif aux signes, **aux coïncidences**... Le langage universel est plus clair que vous ne l'imaginez. Beaucoup d'informations et de messages vous sont envoyés, apprenez simplement à regarder...

BENEFICE

Vous cultivez la réceptivité et le discernement pour mieux guider votre vie.

NUMERO 52

FAIRE PLAISIR

Cessez d'agir pour faire plaisir constamment à autrui. Cessez d'être le « gentil » garçon (ou la « gentille » fille). Que pensez-vous gagner ou obtenir en ayant cette attitude ? De quoi avez-vous peur si vous vous montrez **authentique** ? Assainissez vos rapports avec les autres, **osez être « vous »**. Agissez en fonction de vous.

BENEFICE

Lâcher l'attitude de faire plaisir, vous permet de vous recentrer sur vous et vos réels besoins. Vous apprenez ainsi à mieux vous positionner dans les relations, car vous clarifiez vos motivations profondes. Vous augmentez votre respect personnel.

NUMERO 53

LE TEMPS... EN PLUS

Si vous aviez chaque jour douze heures de plus, notez sur une page ce que vous feriez... Puis trouvez ce qui vous semble **essentiel** dans tout cela, et voyez ce que vous pouvez concrètement réaliser **dès maintenant**. Prendre conscience de ce que vous mettez de côté vous permet d'actualiser ce qui peut être essentiel pour votre réalisation. Profitez du temps en plus... et révisez vos priorités.

BENEFICE

Vous apprenez à explorer vos priorités en les mettant chacune à leur véritable place.

NUMERO 54

LA SOLITUDE

Passez un peu de temps **seul en silence** et écoutez « votre résonance intérieure ». **Rencontrez-vous** dans cet espace de solitude en apprenant à l'apprécier.

BENEFICE

Vous apprenez à profiter de votre solitude pour vous rencontrer vous-même. Par cette présence vous pouvez vous « poser » intérieurement, afin de créer de meilleures relations avec autrui.

NUMERO 55

LA NATURE

Profitez de la nature en allant marcher tout en prenant des respirations conscientes. Apportez à votre corps et à votre esprit **la nourriture d'un équilibre naturel.** Voyez la générosité de la nature, respirez-la.

BENEFICE

Le travail de ressourcement et de respiration vous permet de vous recentrer, de vous calmer. Une vision nouvelle des choses peut, ainsi, parvenir à votre conscience.

Numero 56

LA VISION

Rappelez-vous que chaque réalisation commence initialement par une vision intérieure qui prend ensuite forme dans la matière. Alors quelle peut être votre vision personnelle ? **Relaxez-vous... détendez votre corps.** Fermez les yeux. Laissez venir sur votre écran mental une image qui a pour vous symboliquement de l'importance, contactez l'expression de celle-ci. En parvenant à votre conscience, elle va s'alimenter de l'énergie précieuse nommée « la vie ».

Faites l'exercice à un moment propice de la journée.

Benefice

Vous stimulez votre capacité à recevoir des informations vous concernant. Petit à petit, vous vous mettez en contact avec votre intuition.

NUMERO 57

L'ENFANT INTÉRIEUR

Autorisez-vous à jouer avec simplicité comme vous le faisiez, enfant. Trouvez une activité ludique à faire aujourd'hui et **amusez-vous**.

BENEFICE

> Contacter l'énergie de votre « enfant intérieur » vous permet de prendre une distance salutaire ainsi que la qualité de spontanéité. Vous verrez vos obligations habituelles... sous un nouvel angle.

NUMERO 58

LE MÉNAGE

Occupez-vous de votre maison, votre bureau, votre voiture en accomplissant des tâches de nettoyage, de rangement **avec la conscience** suivante : mettre de l'ordre dans **votre espace de vie** aussi bien que dans **votre espace intérieur**.

BENEFICE

Cet exercice vous permet d'installer intérieurement davantage de clarté et d'ordre qui sont nécessaires à la réussite de tous vos projets.

NUMERO 59

L'ODORAT

Stimulez votre « flair » et repérez les parfums, les odeurs qui vous entourent, **soyez attentif** à la variété des senteurs, afin d'**élargir** votre registre du sens : l'odorat. Enrichissez votre vie.

BENEFICE

Vous accentuez ainsi la stimulation de l'un des cinq sens qui vous aide à approcher davantage votre intuition.

NUMERO 60

LE JUGEMENT

Observez ce que vous jugez **le plus** chez autrui et voyez ce à quoi cela fait **écho en vous**. Décidez, dès à présent, de remédier à cette attitude.

BENEFICE

Vous apprenez à être davantage conscient de ce que les autres peuvent vous faire comprendre au sujet de vous-même. Bien souvent les aspects que nous jugeons chez autrui sont ceux que nous n'acceptons pas... chez nous-même.

NUMERO 61

LE MASCULIN

Stimulez votre côté masculin en organisant, structurant, concrétisant des actions et ce, **avec** la **détermination de réussir**. C'est une journée sous le signe du masculin, alors en route pour l'efficacité !

BENEFICE

> *Ce travail vous aide à capter et à ressentir l'énergie propice à la concrétisation de vos objectifs, de vos rêves… Vous prenez davantage conscience de votre masculin caché.*

NUMERO 62

L'INTUITION

Posez-vous clairement une question dont vous souhaitez la réponse. **Cultivez un calme** et une tranquillité intérieure et n'attendez pas forcément une réponse immédiate. Soyez simplement à **l'écoute des signes**, la réponse est **déjà en route**, attirée irrésistiblement par votre demande.

BENEFICE

Vous apprenez à créer une passerelle entre « vous » et votre intuition qui vous permet d'accéder à de nombreuses connaissances inscrites intérieurement.

NUMERO 63

LE DON

Donnez quelque chose à quelqu'un de votre entourage sans la moindre intention de vouloir recevoir en retour. Soyez simplement dans **l'acte pur du don et observez** ce qui se passe.

BENEFICE

Vous amplifiez les qualités de « cœur » et de générosité nécessaires à la venue de l'abondance dans votre vie.

NUMERO 64

LE LIEN

Chaque fois que vous entrez en relation avec quelqu'un de manière verbale ou gestuelle, **soyez attentifs aux messages que vous émettez**. Tout cela constitue la nature des liens que vous établissez avec autrui. Il est important d'être conscient des liens que vous établissez, **afin de progresser dans le domaine relationnel.**

BENEFICE

Ce travail vous aide à être davantage conscient de ce que vous émettez autour de vous afin de réajuster votre attitude pour créer des relations plus harmonieuses.

NUMERO 65

LA SURPRISE

Faites quelque chose d'inhabituel et qui va surprendre votre entourage. Modifiez vos habitudes, entrez dans l'inattendu, vous pourriez fort bien être **surpris vous-même** !

BENEFICE

En innovant, vous créez une brèche dans ce qui est connu de vous. Cela modifie, en parallèle, la vision que les autres ont de vous.

NUMERO 66

L'INTENTION

Soyez conscient des intentions que vous formulez au quotidien en sachant que ce sont des graines qui inspirent votre futur. Donc, **choisissez judicieusement les intentions que vous émettez,** afin de vous sentir davantage créateur de votre vie. L'intention émet une énergie fabuleuse, apprenez à l'utiliser **en votre faveur**.

BENEFICE

Vous développez la maîtrise de votre mental en canalisant « vos pensées ».

NUMERO 67

LE RAPPORT À LA MAISON

Votre maison est à l'image de vous-même, elle reflète votre façon d'être intérieurement. Regardez-la, visitez-la avec un nouveau regard et voyez l'attention, les soins que vous devez lui accorder. Dès maintenant, **améliorez-la, réorganisez-la** de manière à ce que vous vous sentiez bien chez vous et... en vous. **Ressentez comment cela influe sur votre état d'être intérieur**.

BENEFICE

Porter attention à votre « maison-intérieur », vous permet de réajuster votre propre structure interne afin de vous sentir davantage en sécurité.

NUMERO 68

LA RÉCEPTIVITÉ

Laissez-vous ressentir les événements, les personnes de votre entourage en accueillant et en identifiant toutes les informations sensorielles qui parviennent à votre conscience. Vos réactions intérieures vous renseignent sur la manière dont vous vivez les choses. Grâce à ces informations précieuses vous pouvez agir de la manière la plus adaptée à vous. Cela vous confère **une meilleure maîtrise** du milieu ambiant dans lequel **vous évoluez.**

BENEFICE

Vous intensifiez ainsi votre intuition et vos capacités extrasensorielles.

NUMERO 69

LE SEXE

Avec votre partenaire ou votre mari (épouse), faites l'amour avec la conscience de participer à **un acte divin**. Grâce au contact des corps, **vos âmes se rejoignent**. Au-delà des sens, l'amour s'accomplit dans la jouissance de la vie. Partagez cet amour-là. Créez les conditions qui permettent de le vivre pleinement.

BENEFICE

Apporter l'énergie divine dans l'acte d'amour permet de spiritualiser votre vie et de la rendre plus lumineuse.

Numero 70-a

L'ANIMAL

Aujourd'hui, vous écrivez une histoire, le héros est un animal **que vous choisissez**. Laissez aller votre imagination. Décrivez l'animal dans son environnement, ses occupations, **racontez ce qui lui arrive** dans sa vie, allez-y… Une fois votre histoire écrite, lisez la page qui suit (n° 70-b).

Benefice

Voici un exercice pour apprendre à mieux vous connaître, car il révèle une facette de votre identité.

NUMERO 70-B

L'ANIMAL

Maintenant, remplacez, dans l'histoire que vous venez d'écrire, le nom de l'animal par votre prénom. Puis relisez le texte dans son intégralité. Voyez ce que cela vous évoque, vous découvrirez ainsi certaines informations **issues de votre inconscient**. Amusez-vous à faire le parallèle **avec votre propre vie,** et tirez-en des leçons que vous pouvez appliquer dès aujourd'hui.

BENEFICE

Vous découvrez une partie de votre identité qui vous permet d'accéder à des ressources cachées.

NUMERO 71

LA SENSUALITÉ

Laissez-vous contacter la sensualité qui est en vous, peut-être est-elle en sommeil ? Ressentez son énergie particulière, **vivez-la** et **laissez-la s'exprimer** à travers vos gestes, votre comportement, votre façon d'être. Vivez cette journée animée par votre sensualité. Puis **voyez les réactions** que cela suscite dans votre entourage.

BENEFICE

Vous cultivez ainsi l'énergie et les qualités féminines propices à générer la créativité.

NUMERO 72

L'ÉQUILIBRE

Trouvez la meilleure manière de consacrer suffisamment d'énergie **à tous les secteurs de votre vie.** Vous savez très bien, au fond de vous, ce qu'il y a à faire. Alors, agissez afin d'équilibrer votre vie personnelle, familiale et professionnelle.

BENEFICE

Ce travail permet de réajuster vos priorités en sachant que vous êtes l'organisateur de votre vie.

NUMERO 73

LA LÉGÈRETÉ

Cultivez ce qui est léger en choisissant des tenues fluides, faciles à porter et **allégez-vous** de tout ce qui peut vous peser (alimentation, contraintes, etc.). Ressentez tous les bienfaits que procure cet état d'être. Cultivez, et **entretenez cette légèreté au quotidien.**

BENEFICE

> *Vous amenez ainsi votre conscience à se relier à davantage de qualités d'âme, car vous lâchez un moment, la densité et la lourdeur de la « matière ».*

NUMERO 74

L'INGÉNIOSITÉ

Soyez perspicace pour résoudre des petits problèmes domestiques, la facilité est à portée de main, elle nécessite juste un peu d'imagination, de **créativité**. Chacun a son petit génie personnel, libérez le **vôtre** et osez...

BENEFICE

Vous stimulez vos capacités du cerveau gauche,
en utilisant votre intelligence rationnelle ,
associées à votre intelligence créative. Ce
"mariage" vous permet d'agir sur votre réalité.

NUMERO 75

LE COURAGE

Attaquez-vous à tout ce qui vous rebute et que vous avez mis négligemment de côté. Obligez-vous à résoudre ou à mettre fin à ce qui est en suspens dans votre vie, c'est une journée sous le signe du courage, « **enclenchez le moteur** », vous trouverez l'énergie nécessaire pour aller au bout des choses. Il vous suffit de vous mobiliser.

BENEFICE

En réalisant ce travail vous gagnez la liberté d'esprit essentielle, pour définir de nouveaux projets ou objectifs.

NUMERO 76

LE GOÛT

Soyez conscient de tout ce que vous goûtez et mangez **en prenant le temps**,… savourez jusqu'à l'essence des mets… **et trouvez une plus grande richesse** à votre nourriture.

BENEFICE

C'est apprendre à être dans « l'acte conscient » et, ainsi, dans l'attitude propice qui permet de repérer toute la diversité qui fait partie de votre vie. Celle-ci révèle ses trésors.

NUMERO 77

L'HABIT

Habillez-vous avec des tenues de couleurs **différentes** de celles que vous avez l'habitude de porter. Regardez bien dans vos armoires, vous y trouverez bien quelque chose.

Les couleurs contiennent des énergies particulières, elles représentent et influencent votre humeur, votre état intérieur. Aussi, **testez** le fait de changer votre habitude vestimentaire. Puis faites le point sur l'impact que cela a occasionné sur votre journée.

BENEFICE

> *Vous expérimentez ainsi l'influence que les couleurs peuvent avoir sur votre psychisme et votre énergie afin de repérer celles qui vous conviennent et vous aide à envoler.*

NUMERO 78

LA CLARTÉ

Ce qui se passe dans votre vie **est généré par vous-même,** d'une manière ou d'une autre. Ayez bien conscience que vous êtes source de toutes choses, la clarté s'apprend et se cultive quotidiennement, pour vous sentir guidé.

Aussi, **soyez clair dans vos pensées, vos paroles et vos actes**. Créez une cohérence qui génère la clarté envers vous-même et les autres. **Apprenez à être vigilant** envers tout ce que vous émettez autour de vous...

BENEFICE

> *Vous apprenez à repérer davantage l'influence que vous avez sur tous les événements de votre vie.*

NUMERO 79

LE REPOS

Aménagez-vous **un temps** pour favoriser la détente, la relaxation physique et mentale et surtout, apprenez à profiter de ce moment de repos et de ressourcement **que vous vous octroyez**, cela est nécessaire pour votre équilibre. Il est important de penser à recharger vos batteries, **la vie est plus facile ainsi.**

BENEFICE

Vous poser en toute conscience, vous permet de respecter votre être dans toutes ses dimensions afin d'entrer dans le véritable sens du mot... repos.

NUMERO 80

LA SOUPLESSE

Il faut savoir que les jugements, les critiques, les idées toutes faites... **sont une expression de la rigidité intérieure et de l'ego**. Lâchez vos rigidités mentales ou physiques. Ce n'est qu'une question de « gymnastique ». Il n'est point besoin d'être sportif pour cela, il suffit d'avoir simplement la volonté de se « déraidir ».

Vous pouvez acquérir une certaine souplesse par l'intermédiaire de votre corps. Faites des exercices physiques qui vous conviennent, bien sûr. Toute votre vie s'en trouvera plus assouplie, et cela vous permettra de naviguer à travers les problèmes quotidiens de la vie et de manifester **davantage de tolérance.**

BENEFICE

La rigidité est un désir de « contrôle » qui a l'effet pervers de tout figer. Aussi, en transformant cette attitude, vous retrouvez l'énergie et le mouvement de la « vie ».

NUMERO 81

LE LÂCHER PRISE

Détournez votre attention de toutes les préoccupations habituelles, cessez de vous inquiéter, d'être obsédé par ce qui vous cause du souci. Dirigez votre attention **sur une image positive et constructive** que vous créez. Contactez des perceptions et une ambiance qui soit très agréable et **ancrez-la,** le plus profondément possible, dans votre énergie. C'est le moment de lâcher prise **pour permettre** l'émergence des solutions les plus appropriées.

BENEFICE

Vous élevez votre conscience de la densité du plan physique et des problèmes que gère la « personnalité ». Ce travail vous aide à relâcher la tension qui peut y être associée, afin de vous relier à votre puissance intérieure.

NUMERO 82

LA TRANSMISSION

Partagez votre savoir en enseignant et en montrant ce que vous avez acquis, afin de diffuser vos connaissances ou votre savoir-faire pour enrichir les autres. Voyez autour de vous, il y a sûrement une personne **qui a besoin de profiter de cela.**

BENEFICE

> *Vous stimulez votre intelligence mentale et intégrez davantage l'énergie du père-autorité. Vous apprenez à autrui les règles de l'action...*

L'ACCUEIL

Montrez-vous accueillant, positif avec votre entourage. Laissez-vous recevoir tout ce qui se présente aujourd'hui **sans émettre de restrictions ni de critiques**. Composez avec ce qui « est ». Quand le mouvement vient vers vous, enveloppez-le, cela facilitera **l'émergence** de multiples éléments. Laissez s'ouvrir votre canal de perceptions et dansez avec le moment.

BENEFICE

> *Vous vous reliez ainsi aux qualités du cerveau droit. L'énergie du « féminin » intérieur peut alors croître afin de révéler davantage votre intuition...*

NUMERO 84

LE PRÉSENT

Cessez d'être dans le passé ou dans le futur et **vivez ce jour au présent**. Dirigez votre attention sur ce que vous faites d'une manière pleine et entière. Soyez « conscient » dans tous vos actes d'aujourd'hui.

Soyez également présent pour ceux **qui vous entourent**, à ce que vous dites et, bien sûr, à tout ce **que vous ressentez**...

BENEFICE

Vous contactez la puissance d'action grâce à cette attitude de conscience en éveil.

NUMERO 85

LE FÉMININ

Soyez réceptif à tout ce qui se passe, **laissez-vous porter et guider** au gré des événements de la journée. Accueillez toute chose **comme un cadeau**. Imaginez-vous être un réceptacle, un espace de vacuité. Contactez votre principe féminin et laissez-en émerger la fluidité, la réceptivité, l'intuition, la sensibilité...

Chaque « **être** » possède ces ressources et c'est le moment de les mobiliser. **Soyez dans votre pôle féminin !**

BENEFICE

Vous vous ouvrez ainsi à la manifestation de votre « âme » pour en exprimer sa volonté...

NUMERO 86

LA DISCIPLINE

Observez ce qui se passe en vous, lorsque vous respectez toutes les règles et tous les codes de conduite établis. Soyez conscient d'être dans l'obéissance à l'autorité reconnue. À l'issue de la journée, **notez ce que le respect** de cette discipline vous a fait prendre conscience. **Comment vivez-vous les règles**, la discipline et que cela provoque-t-il en vous ? Voyez ensuite comment **« être » en paix** avec cela.

BENEFICE

> *Intégrer la discipline structure votre être, afin d'acquérir la liberté d'action et la capacité de réussir ce que vous entreprenez. Vous vivez le « pôle protecteur » des règles.*

NUMERO 87

LA MISE À JOUR

Mettez-vous à jour des appels téléphoniques, des lettres à écrire afin de **cesser de mettre les choses en suspens**. Cela vous rendra plus réceptif et plus disponible…

BENEFICE

Cesser d'être encombré(e) par des communications non achevées vous permet de rétablir des connexions saines et claires avec toutes vos relations. Celles-ci deviennent alors fécondes…

NUMERO 88

LA CRÉATIVITÉ

Laissez-vous contacter votre partie créative, **elle existe bel et bien**, donnez-vous la chance de l'exprimer, c'est elle qui fera de votre vie **une œuvre**. Concrètement faites vos actions avec l'intention d'utiliser votre créativité.

BENEFICE

Vous optimisez les capacités du cerveau droit et contactez l'ouverture afin de devenir un réceptacle pour l'inspiration.

Numero 89

LE FLOU

Sortez des zones de flou, de confusion ou d'indécision **dans lesquelles vous vous cachez** pour, probablement, ne pas prendre vos responsabilités. **Allez-y** ! Décidez ! Agissez ! Faites avancer les choses.

Benefice

Le flou est souvent un mécanisme de défense qui « sert » à éviter quelque chose. Acceptez de prendre conscience de cela, afin de pouvoir agir sur ce qui vous dérange.

NUMERO 90

L'OPPOSITION

Sachez prendre position dans vos paroles et vos actions, surtout si elles sont différentes de celles d'autrui. Apprenez à vous différencier, à être déterminé. Prenez le risque d'être vous-même **et fidèle à ce que vous estimez vrai.**

BENEFICE

Assumez l'opposition, vous permet d'ancrer plus de solidité et d'assurance. Cela vous confère le pouvoir d'agir.

NUMERO 91

LA NUDITÉ

Retrouvez **l'intimité avec vous-même**, et plus particulièrement avec votre corps, vivez la nudité sans honte, et **prenez du temps** pour rester nu(e) chez vous. Apprenez à être à l'aise dans la plus grande simplicité.

BENEFICE

> *Vous vous réconciliez avec l'idée de la nudité et dépolluez votre mental de toute notion préconçue ou dégradante. Modifiez votre manière de percevoir votre corps afin de le vivre pleinement.*

NUMERO 92

LA DÉTERMINATION

Ne vous laissez pas influencer par ce qui ne vous correspond pas, **voyez au contraire tout ce qui vous plaît** dans la vie et renforcez votre détermination pour atteindre cela.

BENEFICE

> *Vous cultivez ainsi la puissance intérieure qui vous permet, jour après jour, d'atteindre la maîtrise de vous-même.*

NUMERO 93

LA CONCENTRATION

Chaque pas, chaque acte que vous réalisez, faites-le pleinement avec **toute l'attention possible** dont vous pouvez faire preuve. Vous développez ainsi plus de concentration et acquerez **davantage de force intérieure.**

BENEFICE

La distraction est « l'arme » favorite de l'ego pour vous détourner de ce qui est réellement essentiel dans votre vie. La concentration vous permet d'utiliser l'intelligence du cerveau gauche, afin de garder votre ligne directrice.

NUMERO 94

LA COMPLAISANCE

Faites vraiment la différence entre le fait de prendre soin de vous et celui **d'être complaisant** à votre égard, cela conduit à la paresse, ou a un certain "confort", qui vous ôte tout le pouvoir de réaliser ce que vous souhaitez vraiment dans la vie. « Clarifiez-vous » à ce sujet, **soyez honnête**. Décidez, aujourd'hui-même, d'un acte à poser allant dans ce sens.

BENEFICE

Ce travail vous aide à vous recentrer et à cesser de vivre dans la négligence et donc dans le gaspillage de vous-même...

NUMERO 95

LA PURIFICATION

Prenez un bain ou une douche en imaginant que l'eau **purifie** toutes les cellules de votre corps et dissout l'énergie des émotions négatives, du stress. **Faites bien plus que de vous laver la peau**, purifiez-vous intérieurement.

BENEFICE

> *Agir en conscience, vous permet de modifier votre état d'être intérieur en dissolvant énergétiquement ce qui peut l'être. Vous retrouvez ainsi de la légèreté et de la clarté.*

NUMERO 96

L'ÉCOUTE

Fermez les yeux et laissez-vous écouter la diversité des sons qui vous entourent, **repérez ceux** qui pour vous sont mélodieux, disharmonieux ou agressifs... Puis veillez à créer un espace sonore ou musical **qui vous corresponde** vraiment.

BENEFICE

Vous stimulez ainsi votre canal auditif qui favorise la présence intuitive sous la forme de messages verbaux : « la petite voix ». Vous enrichissez l'un de vos sens et accroissez votre conscience d'être présent à ce qui vous entoure.

NUMERO 97

LES FLEURS

Égayez votre maison, votre bureau de bouquets de fleurs, profitez-en pour en offrir autour de vous. **Faites entrer la beauté naturelle** dans votre espace et votre environnement.

BENEFICE

> *Vous vous reliez à la qualité de beauté qui anime et enchante le cœur de tout être.*

NUMERO 98

LA DÉPOLLUTION

Passez toute la journée sans allumer la radio, la télévision, sans lire le journal… Retrouvez et **appréciez toutes les choses simples** du quotidien au-delà des artifices de la modernité. **Recouvrez une liberté complète d'esprit.**

BENEFICE

Sans le savoir, bien souvent, vous êtes manipulé et votre esprit est pollué par de multiples informations qui ne vous servent à rien (en tous les cas, pas à grandir). Aujourd'hui, vous prenez un temps de pause pour ensuite mieux repérer et analyser ce qu'il ne vous convient pas de « subir ». Vous retrouvez un espace de liberté.

NUMERO 99

LA RESPONSABILISATION

Cessez de faire des reproches, d'accuser les autres pour tout ce qui vous arrive ou ce que vous ressentez. Acceptez la responsabilité de votre existence, **ce n'est pas aux autres de la porter**. Enlevez de votre langage « à cause de toi... », n'oubliez pas que **c'est vous le créateur de votre vie**.

BENEFICE

Vous retrouvez votre pouvoir personnel, afin de modifier ce qui a besoin de l'être. C'est un travail de recentrage qui offre la liberté d'être : vous.

NUMERO 100

LE MASQUE

Osez enlever le masque que vous portez pour vous cacher ou vous protéger. Montrez votre vrai visage qui révèle **votre authenticité**. Soyez sincère et vous découvrirez **combien cela est apprécié** par votre entourage.

BENEFICE

Vous cheminez vers l'acceptation de votre identité dans ce que vous en connaissez et ce qui ne demande qu'à se révéler.

NUMERO 101

LE PARDON

La première étape du pardon consiste, avant toute chose, à vous pardonner du **non-amour** que vous avez eu **envers vous-même**. En effet, c'est ce qui a généré tant de souffrances dans votre vie. Lâchez toute culpabilité, **embrassez le pardon**, puis vous pourrez ensuite pardonner aux autres ou leur demander pardon suivant les circonstances. Vous gagnez ainsi **la liberté** d'être réellement vous dans **une réconciliation intime avec vous**.

BENEFICE

Ici sont travaillés l'humilité, la simplicité et la guérison du cœur pour que vous puissiez faire la paix avec vous-même et tous ceux qui font partie de votre existence.

NUMERO 102

LE SERVICE

Dans la mesure de vos possibilités, aidez tous ceux qui ont besoin de vous, et détachez-vous de vouloir recevoir en retour. Expérimentez la notion de **« service pur ».** En fin de journée, voyez tout ce que vous avez accompli et prenez conscience **de tout ce que vous avez reçu**... en retour.

BENEFICE

La générosité crée un chemin d'abondance dans votre propre vie.

NUMERO 103

LE SENS

Dans toutes les situations, dans tous les événements quels qu'ils soient, se cachent une signification, **un message** qui vous est destiné. Questionnez-vous sur le sens profond de ce que vous vivez. Découvrez **les trésors** que votre vie recèle afin de **comprendre** davantage l'organisation de « madame » la vie. Tout a un sens, **apprenez à le trouver**.

BENEFICE

Vous travaillez l'intelligence intuitive qui augmente votre capacité à guider votre vie consciemment.

NUMERO 104

L'INDULGENCE

Cessez de vous critiquer, d'être dur envers vous-même et autrui. Reconnaissez simplement la responsabilité qui incombe à chacun. **Soyez indulgent, et vous vous offrirez** une vie plus facile.

BENEFICE

Ici vous réajustez votre manière d'être envers vous-même afin de lâcher la négation. Vous augmentez la confiance et l'estime de vous.

NUMERO 105

LA FRANCHISE

Soyez franc envers vous et les autres. Acceptez de vivre dans la vérité. Engagez-vous sur le chemin **du respect** que chacun d'entre nous mérite. Vous constaterez très vite **combien** cela porte ses fruits. Commencez dès cet instant.

BENEFICE

> *En gommant le mensonge et l'évitement vous acquérez le courage et la force d'être vous-même. Avec le temps de multiples obstacles se dissolvent...*

NUMERO 106

LA DEMANDE

Vous pouvez vous faire aider car nous n'avez pas à tout assumer seul. Apprenez **et osez demander** de l'aide surtout si cela est nouveau pour vous. Puis **acceptez** l'aide qui vous est apportée aussi bien que le refus auquel vous pourriez être confronté. Sachez que chacun a sa liberté d'action, l'important pour vous **est de demander**.

BENEFICE

Vous cheminez vers l'humilité, dans la reconnaissance de vos propres limites. Vous apprenez ainsi à vous situer et à vous préciser face à autrui.

NUMERO 107

LA CONFIANCE

Ayez confiance en vous et osez planifier ce que vous souhaitez réellement dans la vie. Fiez-vous **à ce qui semble bon** pour vous et agissez dans ce sens.

BENEFICE

Cela accentue le recentrage qui vous permet d'augmenter votre puissance personnelle.

NUMERO 108

L'UNION

Pour construire, il est nécessaire de lâcher le sentiment de séparation qui génère des disputes, des désagréments, des conflits. Voyez au contraire **comment** vous pouvez **cultiver l'union**, le rassemblement dans tous les aspects de votre vie. La diplomatie, **l'ouverture**, l'amour…, vous aideront dans cette tâche.

BENEFICE

Apprendre à « réunir » aide à lâcher des mentalités toute forme d'exclusion.

NUMERO 109

LA FRUSTRATION

Acceptez que tout n'arrive pas comme vous le souhaitez et dans les délais que vous aviez planifiés. Cessez de voir tout ce qui vous manque, cela ne fait qu'augmenter l'insatisfaction. Voyez au contraire **tout ce qui est déjà dans votre vie**, et remerciez pour cela. Apprenez à différer vos envies, vos souhaits, voire à les modifier, afin de poursuivre un processus de croissance. Faites-le dès maintenant.

BENEFICE

> *Petit à petit, vous pouvez « maîtriser » votre vie, grâce à l'acceptation de la réalité et de tout ce qui la constitue.*

NUMERO 110

LES RÊVES

Au cours de l'existence, vous avez probablement abandonné vos rêves comme s'ils ne faisaient pas partie du monde des adultes. Retrouvez l'un de vos rêves d'enfance, afin de donner **une chance à la vie** de le réaliser réellement. Regardez dans le fond de **votre cœur**, ils sont là … **intacts.**

BENEFICE

Ici, vous retrouvez une « facette » de votre être,
qui peut s'avérer essentiel pour votre bonheur.

NUMERO 111

QUITTER

Terminez les choses en y mettant un point final. Voyez ce à quoi vous devez renoncer. Il est parfois nécessaire de prendre les choses en main et d'avoir **la force de quitter**... **Faites enfin ce que vous savez devoir faire**, cela ouvre à de nouvelles perspectives. Voyez ce que vous laissez traîner, être inachevé, s'enliser. Cette attitude ne peut être source de bonheur. Apprenez à... quitter.

BENEFICE

En acceptant d'être vous-même, vous acquérez davantage de force intérieure. En décidant, vous apprenez à maîtriser votre vie.

NUMERO 112

L'AMOUR

Aimez tout ce qui se présente à vous, veillez à **mettre de l'amour dans vos pensées**, dans vos paroles, dans tout ce que vous faites. Voyez tout ce qui vous entoure avec le filtre de l'amour. **Laissez-vous**, alors, ressentir l'énergie qui circule dans votre corps. C'est une journée **où vous dansez avec la grâce.**

BENEFICE

Cette intention vous aide à dissoudre ou dépasser certains blocages afin de faciliter la résolution... Votre vision des choses s'en trouve élargie.

NUMERO 113

LE REPAS NATUREL

Si ce n'est pas dans vos habitudes, essayez une nourriture saine et **simple** composée de légumes, de crudités, et de fruits. Retrouvez les goûts initiaux grâce à la simplicité d'une cuisson **à l'eau** ou à la vapeur. Utilisez les herbes et les aromates, vous allégez ainsi toutes les fonctions vitales de votre corps. C'est une journée au naturel pour **désintoxiquer** votre corps.

BENEFICE

> *Vous bénéficiez d'une cure de purification qui allège le corps et l'esprit. Votre conscience s'en trouve davantage éveillée...*

NUMERO 114

RECEVOIR

C'est le moment de récolter ce que vous avez déjà semé par vos pensées, vos actions. Créez en vous l'espace pour accueillir ce qui est légitime pour vous. **Ouvrez-vous pour recevoir** du plus petit au plus grand cadeau que la vie peut vous offrir. C'est le moment d'apprendre à recevoir. **Faites participer votre corps à ce mouvement** et veillez le plus souvent possible à avoir les mains ouvertes, les bras et les jambes décroisés, le buste droit et les épaules en arrière. **Votre corps est un merveilleux collaborateur pour... recevoir**.

BENEFICE

Vous cultivez l'accueil et la vacuité pour entrer dans le mouvement de l'existence. Ayez la conscience de participer à son équilibre grâce à votre attitude. Il y a un temps pour chaque chose...

NUMERO 115

L'ARGENT

Voyez et comprenez la nature du rapport que vous entretenez avec l'argent. Comment le percevez-vous ? Comment l'appréciez-vous ? Quelle valeur lui donnez-vous ? **Modifiez la vision négative que vous pouvez en avoir**. Percevez-le comme une énergie positive issue de votre travail, de vos actions… **Il est nécessaire que cette énergie circule** comme une rivière qui coule parce qu'elle sait où aller. Il y a à régler les choses… Donnez à l'argent sa juste place dans votre vie.

BENEFICE

> *Vous apprenez à créer un rapport plus « sain »*
> *avec l'argent. Il fait partie de votre réalité*
> *physique… que vous spiritualisez grâce à votre*
> *attitude.*

NUMERO 116

L'EXCUSE

Reconnaissez que vous n'avez pas toujours raison, que vous n'êtes pas infaillible. Faire preuve d'humilité **est un signe de respect** de l'existence d'autrui. Lorsque vous êtes conscient de votre erreur, **apprenez à vous excuser**. Ne confondez pas cet acte avec la culpabilité ou la faiblesse. L'excuse est, au contraire, **l'expression de la tolérance**. Alors, agissez dès maintenant.

BENEFICE

Cette attitude favorise le réajustement dans les relations. En reconnaissant ce qui « est », vous êtes dans la réalité des faits et sortez des jeux de manipulations.

NUMERO 117

LA DÉCISION

Retrouvez l'énergie de puissance contenue dans la concrétisation d'une décision. C'est l'acte par lequel **toute nouvelle chose s'implante** complètement. La décision est le déclencheur qui agit dans la réalité. C'est à chacun de nous qu'il appartient de décider de sa vie. Alors quelle est votre décision ? **Énoncez-la**, puis agissez dans ce sens.

BENEFICE

Décider, c'est affirmer ce que vous voulez ou ne voulez pas. Vous renforcez ici votre pouvoir personnel.

NUMERO 118

L'HUMOUR

Prenez tout ce qui se passe avec humour, **sortez** un moment de l'expression sérieuse des choses. L'humour vous aide à dédramatiser et à **réévaluer ce qui est essentiel** dans ce qui vous arrive. Restez le plus possible dans cet état d'être jusqu'au coucher.

BENEFICE

> *En prenant de la distance émotionnellement vous acquérez un nouveau point de vue sur les événements. Vous pouvez contacter la légèreté qui vous « hisse » vers plus de discernement.*

NUMERO 119

LE STRESS

Sachez reconnaître à quel moment vous entrez dans le stress. Vous y perdez une grande partie de vos moyens et de votre lucidité. Apprenez à reconnaître **les signaux d'alarme corporels**, émotionnels et psychologiques indiquant que vous êtes sous pression. Trouvez un système qui vous convienne pour **évacuer immédiatement** ce stress, au besoin, **faites-vous aider**. Ne vous laissez pas envahir, au contraire, apprenez à vous détendre et à respirer.

BENEFICE

Vous acquérez davantage de maîtrise de vous-même, ce qui vous permet d'agir efficacement aux situations.

NUMERO 120

LE REGARD D'AUTRUI

Demandez à votre entourage ce qu'ils apprécient en vous. Osez demander la manière dont les autres vous perçoivent. **Acceptez ce qui vous est dit**, sans vous justifier ou réagir, et remerciez. Prenez conscience des facettes que vous montrez aux autres. Leur vision est **extrêmement intéressante,** car elle permet de vous « corriger », au besoin, ou de renforcer l'appréciation de vous.

BENEFICE

Ce travail vous aide à prendre conscience de votre image. Celle que vous avez de vous et celle que les autres ont de vous. Cela vous offre l'opportunité de modifier ce qui ne vous semble pas juste. Courage !

NUMERO 121

LE SOURIRE

Animez votre journée d'un sourire. À partir de cet instant, veillez à porter sur votre visage et **dans vos yeux un sourire**. **Observez** les réactions d'autrui et la manière dont on se comporte avec vous. Ce soir, tirez-en les enseignements.

BENEFICE

> *Vous constatez ici l'influence de votre manière d'être sur votre environnement et vous en tirerez vous-même les leçons.*

NUMERO 122

L'EAU

Aidez-vous de la fluidité de l'eau pour vous débarrasser de tout ce qui vous pèse et amenez de la légèreté dans votre vie. Aujourd'hui buvez uniquement de l'eau… **en imaginant recevoir** toutes les qualités de cet élément : limpidité, clarté, adaptabilité…

BENEFICE

Vous vous reliez à la qualité de réceptivité
« mémorisée » dans l'eau.

NUMERO 123

LA PLACE

Quelle place occupez-vous dans votre couple, votre famille, auprès de vos amis, dans votre travail ? **Sentez** si sous êtes, dans tous ces secteurs de votre vie, à votre juste place. **Réajustez** votre positionnement au besoin. Être à votre juste place, vous permet de vous sentir **en harmonie** avec vous-même, autrui et le monde.

BENEFICE

Travailler sur la place, vous permet d'évaluer vos priorités. Vous accentuez la notion de respect. Être respecté et vous respecter, accentue la puissance personnelle.

NUMERO 124

L'ABONDANCE

L'abondance réside en toutes choses et partout **autour de vous**. Elle est beaucoup plus présente et accessible que vous ne l'imaginez. **Reconnaissez-vous** comme source d'abondance afin de l'attirer davantage à vous. Aujourd'hui, faites le point de tout ce que vous avez extérieurement et intérieurement. **Laissez-vous ressentir toutes vos impressions** en lien avec ce thème.

BENEFICE

> *Vous contactez la présence de l'énergie*
> *« magnétique » particulièrement attractive. Ainsi,*
> *vous augmentez naturellement tous vos acquis…*
> *La richesse attire la richesse…*

LA TRILOGIE SUR LA CONSCIENCE

La 1ère   **La 2ème**   **La 3ème**

« Révélations »   « Mesurez votre conscience »   « Le dictionnaire de la vie où tout a un sens »

Ed. Gilles GUYON   *Ed. Gilles GUYON*   *Ed. Quintessences*

***E-mail :** contact@gconsience.fr*   ***Site :** www.gconscience.com*

Les autres livres de l'auteur

« Le coaching pour tous » « Des actions pour changer votre vie » « Le guide pour devenir un petit Dieu "

Ed. Quintessences   Ed. Gilles GUYON   Ed. Gilles GUYON

Email : lunion@wanadoo.fr

Site : www.coachingintuition.com

© 2021 Gilles Guyon

Édition : BoD – Books on Demand
12/14 rond-point des Champs-Élysées, 75008 Paris.

Impression : BoD - Books on Demand, Norderstedt, Allemagne

ISBN : 978-2-322-296-971-6

Dépôt légal : Juillet 2021

FSC
www.fsc.org

MIXTE

Papier issu
de sources
responsables
Paper from
responsible sources

FSC® C105338